Premier Président RIGAUD

LE DROIT ROYAL

ET

LE PLÉBISCITE

Extrait de la *Revue de la France Moderne*

PARIS

IMPRIMERIE CHARLES SCHLAEBER

257, rue Saint-Honoré, 257

1888

LE DROIT ROYAL

ET

LE PLÉBISCITE

Premier Président RIGAUD

LE DROIT ROYAL

ET

LE PLÉBISCITE

Extrait de la *Revue de la France Moderne*

PARIS

IMPRIMERIE CHARLES SCHLAEBER

257, rue Saint-Honoré, 257

1888

LE
DROIT ROYAL ET LE PLÉBISCITE

(ÉTUDE POLITIQUE)

I

Un vieux moraliste a dit que si la bonne foi était bannie du reste de la terre, elle devrait se réfugier dans le cœur des Rois.

En ce temps-là, les Rois étaient de véritables souverains ; tous les pouvoirs étaient concentrés dans leurs mains, et souhaiter que la justice seule fût leur guide et qu'ils ne voulussent que le bien, c'était montrer combien la bonne foi chez ceux qui gouvernent était nécessaire au bonheur des peuples.

Aujourd'hui, dans la plupart des Etats, il n'y a plus de Rois, ou tout au moins le pouvoir qui leur reste n'est qu'un pouvoir nominal ; et, sous une forme ou sous une autre, la souveraineté nationale n'est plus guère exercée que par les nations elles-mêmes. C'est donc chez les peuples libres, c'est-à-dire maîtres de leurs destinées, que la bonne foi devrait trouver un asile, si le reste de la terre la bannissait.

En est-il ainsi pour la France? Dans la crise qu'elle traverse, sur un sol qui tremble, en présence d'un avenir incertain, est-elle disposée à reconnaître les défauts et les torts du régime que la politique lui a imposé? et si elle les reconnaît, est-elle prête à rechercher de bonne foi le moyen d'améliorer ce régime ou de lui en substituer un autre qui convienne mieux à ses mœurs, à ses précédents et à son caractère?

Au fond de ma retraite, à l'âge des ambitions éteintes et des opinions désintéressées, cette question a souvent trouvé sa place parmi celles qui viennent de temps en temps occuper mes loisirs, et si je m'y arrête un peu plus aujourd'hui, c'est qu'une polémique quotidienne la pose sans cesse devant le pays et que des faits récents, rapprochés de ceux qui se préparent, lui donnent un caractère plus marqué d'importance et d'opportunité.

II

Il y a deux ans à peine, au moment de quitter la France, Mgr le comte de Paris protestait en ces termes contre l'exil qui lui était infligé :

« Je proteste au nom du droit contre la violence qui m'est faite.

« On poursuit en moi le principe monarchique, dont le dépôt m'a été transmis par celui qui l'avait si noblement conservé.

« Instruite par l'expérience, la France ne se méprendra ni sur la cause, ni sur les auteurs des maux dont elle souffre. Elle reconnaîtra que la Monarchie, traditionnelle par son principe, moderne par ses institutions, peut seule y porter remède. »

Le même jour, à la même heure, frappé par la même loi de bannissement, le Prince Victor Napoléon tenait à ses amis réunis autour de lui le langage suivant :

« L'exil n'ébranlera pas ma foi dans notre cause ; il ne m'empêchera pas d'y dévouer ma vie.

« Malgré l'éloignement, malgré toutes les injustices et toutes les amertumes, je resterai fidèle aux principes de l'Empire, tels que les ont conçus Napoléon I⁽ᵉʳ⁾ et Napoléon III, tels que les eût appliqués le Prince dont vous avez avec moi admiré l'héroïsme et dont je pleure la mort.

« Ces principes sont les vôtres, ils ont été consacrés par les votes populaires. Aujourd'hui, comme au commencement du siècle, ils signifient : Souveraineté de la Nation, stabilité et fermeté du pouvoir, égalité des droits, respect des croyances religieuses, paix entre les citoyens ; démocratie organisée. »

Ainsi voilà deux Princes, deux prétendants qui se disent investis d'un droit préexistant, et qui, en vertu de ce droit, veulent l'un et et l'autre supplanter la République qu'ils rendent responsable de tous les maux dont le pays souffre depuis qu'elle existe, qu'ils accusent implicitement d'avoir commis une usurpation à leur détriment, et qu'ils mettent pour ainsi dire en demeure de leur restituer un bien qu'ils considèrent comme faisant partie de leur patrimoine.

Cette accusation est-elle fondée ? Cette prétention est-elle juste ? Est-elle la même pour chacun des deux prétendants ? Si les deux prétentions ne sont pas identiques que faut-il penser de l'une et de l'autre ? Et, en tout cas, quel est le juge de tout ce conflit et quel est le meilleur moyen d'y mettre un terme ?

Tels sont les points qui, en ce moment, me paraissent dignes, au plus haut degré, de fixer l'attention publique.

III

La République, on en conviendra, ne peut guère être en odeur de sainteté auprès des citoyens paisibles et honnêtes. Après quatorze siècles de Monarchie pendant lesquels elle avait été inconnue, elle ressemble assez à une étrangère qui veut à toute force s'implanter en France, et qui, jusqu'à présent, ne paraît pas trop digne d'obtenir l'hospitalité qu'elle réclame avec tant d'insistance.

Isolons, si l'on veut, la République actuelle de ses deux aînées, car s'il nous arrivait de les confondre, elle nous dirait peut-être qu'elle ne veut pas leur ressembler ; mais en lui gardant sa propre personnalité, quels sont donc ses titres à notre faveur et sous quelles couleurs se présente-t-elle ?

Elle est viciée à son origine, car elle s'est introduite chez nous à la suite et à l'aide de nos désastres, ce qui n'est rien moins qu'un forfait à l'honneur et un crime contre la Patrie.

Contre le gré du pays, ou tout au moins sans l'avoir consulté, et dans le seul but de s'imposer elle-même à la France, elle a continué une guerre impossible et dont le résultat a été d'élever à cinq milliards la rançon exigée pour cette témérité et d'y ajouter la perte de deux provinces.

Après cinq ans d'une existence douteuse et irrégulière, elle a été proclamée à la majorité d'une voix par une Assemblée monarchique qui n'avait aucun mandat pour le faire, et elle n'a jamais reçu de la main du peuple le baptême nécessaire pour la laver de ces deux taches originelles.

Une fois livrée à elle-même, et définitivement affranchie du frein qui l'avait contenue jusque-là, elle a successivement ébranlé toutes les institutions sur lesquelles la Société repose.

Ainsi, l'histoire nous apprend que le sentiment religieux est inhérent à la nature humaine ; il n'est pas de peuple dans le monde qui ne l'ait éprouvé à des degrés divers, et qui, par suite, n'ait eu sa religion et son culte ; le culte d'un seul Dieu chez ceux-ci ; le culte de plusieurs Dieux chez ceux-là ; le culte du soleil chez les uns et plutôt que de n'en avoir aucun, le culte d'un fétiche chez les autres. Or, depuis que la France existe, c'est la religion catholique qui a répondu chez elle à ce besoin de l'humanité. Sans vouloir m'attarder ici à en faire une savante et pieuse apologie, il me sera au moins permis de dire qu'elle n'a nui en aucun temps ni à la grandeur ni à la prospérité de la France, et cependant c'est ce culte de la Patrie, c'est cette religion nationale que, sous les apparences d'une neutralité menteuse, la République a entrepris de détruire, sans même avoir le dessein de lui en substituer une autre. En effet, c'est vouloir la détruire que de la persécuter sans cesse, et c'est la persécuter sans cesse que d'exclure même le nom de Dieu de tous les programmes scolaires ; que d'expulser ou de frapper d'interdit ceux qui passaient leur vie à l'enseigner ; que de tarir le recrutement de ses prêtres dans sa source ; que de chasser de partout ceux qui en répandent la morale ou qui en pratiquent la charité. En vérité, on voudrait se délivrer de la peste qu'on n'y mettrait pas plus de soin, plus d'obstination et plus de zèle.

Dans toute société bien organisée le pouvoir judiciaire est un des plus grands pouvoirs de l'État. Il doit avoir son existence propre, indépendante et l'inamovibilité du juge est une des conditions les plus essentielles de cette indépendance. Eh bien, treize ans après qu'une révolution politique est consommée, c'est-à-dire alors que toutes les passions qu'elle a soulevées devraient être éteintes, la République, de gaîté de cœur et sous prétexte de réformer la magistrature en a créé une nouvelle à sa façon, sans même songer que les lois de violence se retournent toujours contre ceux qui les ont faites, et qu'elle exposait ainsi ses amis à des représailles inévitables, le jour ou la raison aura repris son empire.

Dans ce besoin d'innovations qui la tourmente et moins soucieuse de mal faire que de ne rien faire du tout, elle a fatigué l'armée par des réformes puériles, et elle n'a même pas craint de nuire à son prestige et à sa force en proposant récemment une loi dont, aux yeux les moins clairvoyants, le but politique domine le but national, et dont chaque disposition vise plutôt la popularité que la défense du territoire.

Par les méfiances qu'elle inspire elle nous a isolés du monde entier, en nous faisant perdre toutes nos alliances.

Par des travaux inutiles, par des expéditions lointaines, par des entreprises inconsidérées, par des gaspillages incessants, elle a creusé si profondément le gouffre du déficit dans l'Etat, dans les départements, et dans les communes, que les expédients ne suffisent plus à le dissimuler et qu'il n'est plus possible de le combler qu'à l'aide de nouveaux emprunts et de nouvelles charges à imposer à un pays qui est déjà le plus imposé de tous les pays du monde.

Enfin, et sans doute sous l'influence délétère de tous ces désordres, elle a eu le triste privilège de voir la moralité publique descendre à un degré qu'on ne connaissait pas encore.

Je défie tout homme de bonne foi de me trouver en défaut sur un seul point dans cette nomenclature abrégée des torts de la République et je le défie dès lors de nier qu'il ne soit urgent d'y porter remède.

Parfois la République elle-même l'a senti et a semblé vouloir entrer dans les voies de la modération, en se déclarant ouverte à tous et en conviant tous les modérés à la suivre.

Le voulait-elle sérieusement et surtout le pouvait-elle?

Je dois croire qu'elle le voulait parce qu'il y va de sa vie et que son propre intérêt le lui conseille; mais je doute qu'elle le puisse parce que l'expérience nous apprend qu'en France les excès sont dans sa nature, parce que son nom seul est une excitation au désordre, parce qu'il est de son essence d'être violente, et que si elle cesse de l'être, elle devient entièrement inutile.

En effet, il est pour les peuples civilisés une somme de progrès sages et pratiques au-delà desquels il n'y a plus que des utopies, et toutes les fois qu'un gouvernement ferme s'est refusé, chez nous, à dépasser les limites de la modération, c'est la République qui s'en est chargée et qui est devenue par cela même la violence.

Ainsi, à la fin du siècle dernier, quand tous les vœux légitimes du pays eurent été satisfaits et qu'il ne resta plus que des excès à commettre, la Révolution de 1789 devint celle de 1793, la République prit la place de la Monarchie et on sait assez quelles en furent les conséquences.

Ainsi, de nos jours, quand la République comprend que, sous peine d'y perdre sa raison d'être, il ne faut pas qu'elle se laisse confondre avec la Monarchie, voici ce qu'elle fait, ou ce qu'elle se propose de faire :

La Révolution avait voulu que l'impôt fût payé par tous et qu'il fût proportionnel à toutes les fortunes; la République, par des moyens directs ou détournés, veut le rendre progressif et rétablir en sens inverse l'inégalité tant reprochée à l'ancien régime.

La Révolution avait voulu que tous les citoyens fussent égaux devant la loi et admissibles à tous les emplois. La République veut que les emplois ne soient accessibles qu'à des républicains éprouvés et l'épuration insatiable dont nous sommes les témoins montre suffisamment combien elle demeure fidèle à cette partie de son programme.

La Révolution avait voulu que le service militaire fût également imposé à tous, sauf quelques exceptions réclamées par l'humanité ou par un intérêt social de premier ordre. Par un artifice qui vient heureusement d'être déjoué la République voulait avoir la faculté d'en abréger la durée pour ceux de ses soldats qui lui paraîtraient dignes de ses indulgences.

La Révolution avait voulu qu'une paix heureuse fût signée entre l'Eglise et l'Etat et que les biens ravis au clergé fussent remplacés par une indemnité plus ou moins équivalente. La République veut rompre ce pacte et consommer la spoliation par la séparation de l'Eglise et de l'Etat et par la suppression du budget des cultes.

La Révolution avait voulu que la liberté de conscience devînt un des principes fondamentaux de notre droit public ; la République veut qu'elle ne soit qu'un vain mot, pour tous ceux qui ne partagent pas ses doctrines.

On le voit, en tout et partout, la République commence là où la modération finit, à telles enseignes que, de l'aveu même de ses chefs les plus autorisés, si elle devient modérée, elle n'est plus la République.

Mais alors à quoi bon la conserver, si, voulant être modérée, elle ne doit plus être qu'une doublure de la Monarchie et s'il ne doit rester d'elle qu'un vain nom et qu'une étiquette mensongère ?

Que signifie d'ailleurs ce regain de modération et cet appel fait aux modérés, si elle n'est pas disposée à revenir sur toutes les mesures dont la modération s'offense ?

Voyons ! rendra-t-elle leurs monastères aux religieux, leurs sièges aux magistrats, leur liberté aux pères de famille ? Mettra-t-elle un terme à cette laïcisation impie dont souffre l'humanité et qui révolte la conscience publique ? L'ostracisme qui pèse sur les conservateurs sera-t-il levé, ou daignera t-elle seulement accepter leur concours sans leur donner la moindre satisfaction en échange? Si l'oubli du passé est mis à prix, quel sera le tarif établi pour la rentrée en grâce ?

Voilà bien des points sur lesquels il serait utile de s'entendre avant de s'embarquer sur ce radeau délabré de la République modérée qu'on dit cependant être destiné à nous sauver du naufrage.

Il serait bien plus simple, ce me semble, que tous ceux qu'une illusion quelconque a fait sortir des rangs de la Monarchie se fissent un devoir d'y rentrer, avec d'autant plus de raison qu'ils répareraient ainsi plus aisément le mal qu'ils ont fait par leurs funestes condescendances. Pourquoi continuer à se dire Républicain si, n'ayant ni le désir ni le courage d'être violent, on n'est en réalité qu'un Monarchiste ? pourquoi s'attarder davantage dans ce rêve décevant de la République que M. Thiers a fait sans doute quand il l'a fondée, mais dont il avait reconnu lui-même l'inanité, lorsque dix ans avant, en historien impartial, il racontait et expliquait l'établissement du premier Empire :

« A Rome, disait-il, à Rome, vieille République, il avait fallu le besoin longtemps senti d'un chef unique, l'inconvénient souvent répété de la transmission élective du pouvoir, il avait fallu plusieurs générations, César d'abord, puis Auguste après César et même Tibère après Auguste, pour habituer les Romains à l'idée d'un pouvoir monarchique et héréditaire ; il ne fallut pas tant de précautions en France pour un peuple façonné depuis douze siècles à la Monarchie, et depuis dix ans seulement à la République ; il fallut un simple accident pour revenir du RÊVE de quelques esprits généreux mais égarés, aux VIVACES et INDESTRUCTIBLES souvenirs de la Nation entière. » (*)

Sans vouloir froisser les sentiments ni les opinions de personne, il me sera sans doute permis de croire que ce simple accident capable de ramener la France à d'INDESTRUCTIBLES souvenirs peut à la rigueur se représenter et comme, en ce cas, les deux prétendants se heurteraient au pied du trône dont ils se disputent l'accès, me voilà conduit à rechercher quel serait celui des deux qui aurait le plus de raison et le plus de chances d'y monter :

Soit à cause du principe sur lequel il se fonde ;

Soit à cause des institutions qu'il représente ;

Soit à cause de la signification qui s'attacherait fatalement à son règne.

IV

On pourrait croire au premier abord que le principe sur lequel les deux prétendants se fondent est absolument le même, car puisque chacun d'eux invoque un droit préexistant, c'est évidemment à la loi d'hérédité qu'il se rattache, et cependant il n'en est rien, car le principe de l'hérédité dans la transmission du pouvoir peut être plus ou moins absolu, et la Royauté et l'Empire ne l'entendent pas de la même manière

En effet, pour la Royauté, l'hérédité une fois établie constitue un droit supérieur à la volonté des hommes, et il est de l'essence même de ce droit que le pacte qui l'a établi lie non seulement ceux qui l'ont formé mais encore qu'il s'impose à la postérité la plus reculée, sans qu'il soit permis à la Nation de le changer, ni au Monarque d'y renoncer, autrement que pour lui-même.

Pour l'Empire au contraire, l'hérédité constitue bien aussi un droit inhérent au sang et transmissible par le fait seul de la naissance, mais seulement ce droit est révocable et ne cesse pas d'être subordonné à la volonté nationale.

Napoléon Ier lui-même, au faîte de ses grandeurs et dans l'ivresse naturelle qu'aurait pu lui inspirer sa fortune, n'a pas compris autrement le droit héréditaire reconstitué sur sa tête, et il l'a solennellement déclaré dans la réponse qu'il a faite au Sénat venu à Saint-Cloud pour lui offrir le titre d'Empereur et lui présenter la couronne.

(*) Thiers. Histoire du Consulat et de l'Empire, tome V, page 55.

« Tout ce qui peut contribuer au bien de la Nation, disait-il, est essentiellement lié à mon bonheur.

« J'accepte le titre que vous croyez utile à la gloire de la Nation.

« Je soumets à la sanction du peuple la loi de l'hérédité ; j'espère que la France ne se repentira jamais des honneurs dont elle entourera ma famille.

« Dans tous les cas, mon esprit ne serait plus avec ma postérité le jour où elle cesserait de mériter l'amour et la confiance de la grande Nation. »

Quelle grande manière d'exprimer du haut d'un trône, ce que du haut d'une chaire, la langue du droit aurait cru rendre suffisamment en disant que le pacte conclu entre la Nation et son chef n'était que la délégation du pouvoir exécutif, délégation qui, quoique héréditaire dans une famille, n'en demeure pas moins toujours révocable.

Napoléon III comprenait la loi de l'hérédité de la même manière, car, à la chute de l'Empire en 1870, après la déclaration de déchéance prononcée par l'Assemblée de Bordeaux, il adressa au Président de cette Assemblée une protestation que tous les journaux de l'époque ont publiée et dans laquelle, loin de prétendre à un droit supérieur à la volonté du pays, il déclarait être prêt à s'incliner devant elle :

« Au moment, dit-il, où tous les Français profondément attristés par les conditions de la paix ne songeaient qu'aux maux de la Patrie, l'Assemblée Nationale a prononcé la déchéance de ma dynastie, et a affirmé que j'étais seul responsable des calamités publiques.

« Je proteste contre cette déclaration injuste et illégale.

« Injuste, car lorsque la guerre fut déclarée le sentiment national surexcité par des causes indépendantes de ma volonté, avait produit un entraînement général et irrésistible.

« Illégale, car l'Assemblée nommée dans le seul but de faire la paix a outrepassé ses pouvoirs en tranchant des questions au-dessus de sa compétence ; et fût-elle même Constituante, elle serait impuissante à substituer sa volonté à celle de la Nation. L'exemple du passé est là pour le prouver.

« L'hostilité de la Constituante en 1848 est venue échouer devant l'élection du 10 décembre et en 1851, le peuple par plus de sept millions de suffrages, m'a donné raison contre l'Assemblée législative.

« La passion politique ne saurait prévaloir contre le droit, et le droit public français pour la fondation de tout gouvernement légitime, c'est le plébiscite. Hors de lui il n'y a qu'usurpation pour les uns et oppression pour les autres. AUSSI SUIS-JE PRÊT A M'INCLINER DEVANT LA LIBRE EXPRESSION DE LA VOLONTÉ NATIONALE MAIS DEVANT ELLE SEULEMENT.

« En présence d'événements douloureux qui imposent à tous l'abnégation et le désintéressement, j'aurais voulu garder le silence, mais la déclaration de l'Assemblée me force de protester au nom de la vérité outragée et du droit de la Nation méconnu. »

On me pardonnera, je l'espère, d'avoir cité en entier cette page d'histoire, parce que je ne crois pas que jamais un Souverain renversé par le vent de l'adversité ait parlé un plus beau langage.

Enfin, le Prince impérial à son tour s'appropriait bien nettement cette doctrine de sa famille, lorsque, s'adressant à ses fidèles réunis autour de lui, sur le sol anglais, le jour où il atteignait sa majorité, il leur parlait en ces termes :

« Le plébiscite c'est le salut et c'est le droit. C'est la force rendue au pouvoir et l'ère des longues sécurités rouverte au pays. C'est un grand parti national sans vainqueurs ni vaincus s'élevant au-dessus de tous pour les réconcilier...

« C'est cette foi qui me donnera ce qui manque à ma jeunesse. Uni à ma mère par la plus tendre et la plus reconnaissante affection, je travaillerai sans relâche à devancer le cours des années. Quand l'heure sera venue, si un autre gouvernement réunit les suffrages du plus grand nombre, je m'inclinerai avec respect devant la décision du pays. Si le nom des Napoléon sort pour la huitième fois des urnes populaires je suis prêt à accepter la responsabilité que m'imposerait le vote de la Nation. »

Pauvre jeune homme ! il régnerait en ce moment, s'il avait vécu et il régnerait de par la volonté de la Nation tout entière ! C'est ce que ses ennemis eux-mêmes reconnaissent et ce qu'a prouvé le deuil universel que sa mort répandit sur la France et sur l'Europe.

Mais, quoi qu'il en soit de ces regrets et de cette croyance, qu'il soit au moins bien établi et constant pour tous que la loi de l'hérédité est entendue d'une manière toute différente par la Royauté et par l'Empire.

Je ne veux pas oublier qu'on a souvent contesté la valeur pratique de la doctrine impériale en disant que la loi de l'hérédité cesserait d'avoir un caractère sérieux, si la Nation qui l'a faite pouvait toujours l'abroger et si, par une conséquence qui semble en découler naturellement, toute révolution consommée devenait une révolution légitime.

Mais cette objection, qui ne repose que sur une équivoque, tombe d'elle-même si on évite de se méprendre sur la manière dont la dénonciation du pacte primitif doit être faite. Un acte de violence, une émeute triomphante, la déclaration même d'une Assemblée, surtout d'une Assemblée sans mandat, ne pourront jamais être considérés comme une expression suffisante d'un changement de volonté dans la Nation tout entière. Pour que le pacte primordial soit aboli, il faudra qu'un pacte nouveau lui ait été substitué, par les moyens et selon les formes qui auront été suivies pour la formation du premier. En d'autres termes et d'un seul mot, le plébiscite qui a créé la loi de l'hérédité a seul la puissance de la détruire.

Ainsi comprise et ainsi appliquée, la loi de l'hérédité révocable a les mêmes avantages que celle de l'hérédité absolue, et elle n'est pas susceptible des mêmes critiques.

Elle a les mêmes avantages, car en déléguant la Souveraineté à une famille et non à un homme, elle ajoute à la fermeté et à la stabilité du pouvoir ; elle tarit dans leur source toutes ces compétitions dangereuses qui s'agitent fatalement autour d'un pouvoir électif même avant que la succession en soit ouverte ; elle ne laisse ni lacune ni interrègne au moment où cette succession s'ouvre ; enfin elle place nécessairement à la tête de la Nation un chef qui peut ajouter le prestige de ses aïeux aux mérites qui lui sont propres, et qui réussit ainsi d'autant mieux à imposer au peuple qu'il gouverne, ce respect et cette déférence, sans lesquels il n'y a pas de suprématie possible.

Elle n'est pas susceptible des mêmes critiques, car elle ne soumet pas une nation majeure et maîtresse de ses droits à l'obligation d'admettre ou que la Monarchie est de droit divin ou qu'il appartient à une génération de lier à perpétuité les générations futures.

A Dieu ne plaise qu'en parlant ainsi il entre dans ma pensée de méconnaître tout ce que la Monarchie traditionnelle a eu de glorieux et de fécond pour la France! C'est sous son égide, je le sais, que la Nation a vécu, grandi et prospéré pendant une longue suite de siècles ; c'est elle qui l'a faite ce qu'elle est, et j'avoue sans peine que je ne croirais pas la France plus malheureuse si elle voulait s'en contenter encore.

Mais nous ne sommes plus aux temps où la foi religieuse pouvait facilement s'immiscer dans la gestion des choses humaines. La raison s'est montrée plus exigeante à mesure qu'elle est devenue plus orgueilleuse. L'orgueil, a dit un grand poète qui n'en a pas manqué pour lui-même :

> L'orgueil fut de tout temps le tyran de la terre,
> C'est lui qui sous les droits étouffa le devoir,
> C'est lui qui dépouilla de son divin mystère
> Le sanctuaire du pouvoir.

Et puisqu'il en est ainsi, au nom de la bonne foi dont je me fais ici l'apôtre, je demande s'il est encore possible de songer en France, à faire d'un divin mystère la base d'un pouvoir humain et si on peut prédire le même accueil à deux prétendants dont l'un dira au peuple français : Au nom de Dieu que je représente ou, tout au moins, en vertu d'un pacte juré entre vos aïeux et les miens, je viens réclamer une couronne qui m'appartient pour l'avoir recueillie dans leur héritage ; tandis que l'autre se contentera de lui dire : J'ai trouvé une couronne dans mon berceau ; mais un orage l'a emportée et l'a remise entre vos mains ; vous seuls avez le droit d'en disposer ; je viens vous demander s'il vous convient de me la rendre.

V

Si le principe sur lequel les deux prétendants se fondent n'est pas le même, la différence qui existe entre les Institutions qu'ils représentent est bien plus grande encore.

Que pouvaient être en effet les Institutions modernes que le comte de Paris en quittant la France, signalait au peuple français, comme devant former sous son règne le cortège ou pour mieux dire le correctif de la Monarchie traditionnelle ?

Evidemment, c'étaient celles qui par deux fois dans notre siècle ont accompagné l'établissement de la Royauté, et qu'on est convenu d'appeler le gouvernement parlementaire.

Or tout le monde sait quelle est l'économie générale de ce gouvernement qu'à tort ou à raison quelques bons esprits considèrent encore comme le meilleur des gouvernements possibles.

Un Roi qui règne sans gouverner, et qui par conséquent n'est soumis à aucune responsabilité ; des ministres solidairement responsables, et qui dépendent bien plus de l'Assemblée qui les renverse, que du Souverain qui les nomme, et enfin deux Assemblées ayant des origines différentes dont l'une représente l'action et l'autre la modération, voilà, si je ne me trompe, les traits caractéristiques de ce régime parlementaire que la Royauté nous promettait, et dont déjà la République nous gratifie, avec cette seule différence que le Chef de l'État tient son droit de l'élection au lieu de le tenir de sa naissance.

On dit, non sans quelque apparence de raison en l'honneur de ce régime, qu'il est celui qui concilie le mieux l'autorité que tout gouvernement doit avoir avec la liberté qu'aucun citoyen ne doit perdre ; qu'il fait participer, dans une juste mesure la Nation tout entière à l'administration de ses affaires ; qu'il satisfait sa curiosité légitime en le faisant assister par la tribune et par la presse à la discussion de ses intérêts ; qu'il excite l'émulation de tous les talents et contribue à les mettre en lumière ; qu'il est en un mot, l'idéal le plus parfait qu'il soit possible de rêver pour une Constitution humaine.

Pendant que je me laisse presque éblouir par les beautés de cette théorie, un mouvement naturel me porte à rechercher quels ont été ses résultats pratiques, alors surtout que n'ayant été conçue que pour la Monarchie, on a cru pouvoir l'étendre à la République.

La théorie veut que sous le gouvernement parlementaire, il y ait un Roi qui règne sans gouverner et qui, par conséquent, n'encoure aucune responsabilité et je vois, à quelques années d'intervalle, Charles X et Louis-Philippe se suivre sur le chemin de l'exil, pour des causes se rapportant à l'exercice de leur Royauté parlementaire.

La théorie veut que sous ce régime ce soit le ministère responsable qui gouverne, et je vois que le gouvernement est tout entier dans les Assemblées dont les ministres ne sont que les instruments dociles; que les crises ministérielles se succèdent avec une rapidité vertigineuse; qu'on renverse quelquefois les cabinets au moment où il serait le plus nécessaire de les maintenir ainsi qu'on l'a fait en 1870 après nos premières défaites, et que dès lors il n'y a et ne peut y avoir ni fermeté dans le pouvoir, ni suite dans les idées, ni unité dans la direction des affaires.

La théorie veut que sous ce régime chaque ministre dirige en maître l'administration dans son département ministériel et je vois que ce sont les membres des Assemblées qui administrent dans leur circonscription électorale ; que ce sont eux qui imposent les préfets, qui choisissent les magistrats, qui nomment ou révoquent les fonctionnaires de tout rang et de tout ordre ; ce qui fait qu'il n'y a plus de hiérarchie dans les carrières; que la politique absorbe ou domine tout ; que tous les services souffrent ; que tous les niveaux s'abaissent, et que la considération publique s'éloigne fatalement de tous ces grands corps de l'Etat qui inspiraient autrefois tant de respect et qui exerçaient une si légitime influence.

Aussi ai-je été moins surpris que charmé en voyant un Prince judicieux et animé du désir de régner répudier en quelque sorte dans ses premières déclarations officielles ce régime parlementaire dont il semblait être l'incarnation et se rapprocher d'assez près des Institutions impériales, en se déclarant le partisan d'un gouvernement fort et en allant jusqu'à reconnaître que le pacte formé entre la France naissante et son premier Roi devait, pour une fois au moins, devenir l'objet d'un pacte nouveau qui le ravive et le rajeunisse.

Cette concession à l'esprit du siècle honore celui qui l'a faite, mais j'aurais aimé qu'elle fût plus précise et plus complète, afin qu'elle fût plus féconde.

J'aurais aimé qu'elle fût plus précise, car elle ne dit pas nettement par qui cette nouvelle consécration devra être donnée à la Monarchie traditionnelle. Or, la demander à une Assemblée ou la demander à la Nation ce n'est pas la même chose, tant s'en faut, et l'option qu'on se réserve me fait supposer qu'on s'en doute. D'autre part, il peut se faire, qu'après une dépossession prolongée, et quand il s'agit de reprendre en fait le pouvoir qu'on a perdu, le plébiscite qui ratifie doive céder la place au plébiscite qui fonde, et cependant on en est encore à se demander, si l'adhésion que le comte de Paris a donnée à l'un implique dans sa pensée l'adhésion à l'autre. Sa dernière déclaration, très belle sur bien des points, ne dissipe pas ces nuages. En effet, dire que *le pays est maître de ses destinées, et qu'il ne faut pas demander la revision à des Assemblées divisées, mais au pays lui-même*, ce n'est pas indiquer la manière dont la consultation sera faite, et tant qu'un doute restera sur ce point essentiel, tant que le plébiscite sans alternative et sans restriction n'aura pas été accepté comme la base préalable de tout gouvernement nouveau, je crains bien que l'union entre les fractions diverses du parti conservateur ne soit pas devenue plus facile, et les manifestes royaux qui auraient pu être un événement n'auront fait qu'ouvrir un champ nouveau aux subtilités de la controverse.

J'aurais aimé aussi que la concession fût plus complète, car consentir à retremper le principe monarchique, même une seule fois, dans un contrat nouveau, c'est reconnaître que le droit royal n'est pas un droit absolu puisque le caractère essentiel d'un droit absolu c'est d'être indéniable, et si ce caractère lui manque, et si on concède que la Révolution qui a brisé le trône de Louis-Philippe et celui de Napoléon III conduit aujourd'hui à la nécessité de demander une nouvelle sanction à ce droit, on ne voit pas pourquoi la révolution qui briserait demain le trône de Philippe VII, n'aurait pas les mêmes conséquences. On est ou on n'est pas plébiscitaire, mais si on l'est, on ne peut pas l'être à demi. Le droit royal et le plébiscite tiennent à des principes qui s'excluent mutuellement, et entre eux il n'y a pas de transaction possible.

Au reste, courte guerre sur ce point. On sait en effet que la doctrine de l'appel au peuple implique une soumission complète à la volonté du pays, alors même qu'en rétablissant le droit royal absolu, la Souveraineté nationale croirait devoir et pouvoir prononcer ainsi sa propre abdication. Que la Royauté montre la même déférence pour le verdict national, et alors toute dissidence sur la doctrine et sur la stratégie disparaissant, le reste viendra par surcroît et sans se faire trop attendre.

Que dire maintenant de toutes les combinaisons proposées par le comte de Paris pour remédier aux abus du régime parlementaire ? J'applaudis sans réserve à l'excellence des intentions mais je me méfie des moyens pratiques.

2

En effet, je ne me représente guère un Roi voulant gouverner effectivement et laissant à d'autres la responsabilité d'un pouvoir qu'il exercera lui-même.

Je ne conçois pas davantage des ministres gouvernant avec le concours des Assemblées, allant discuter dans leur sein et autorisés à garder le pouvoir même après un vote de défiance émanant de l'une d'elles.

Je comprends moins encore une Assemblée élue par le suffrage universel et privée du droit d'accorder ou de refuser l'impôt chaque année, ce qui, dans nos mœurs, est pour elle une sorte d'attribution innée et une condition essentielle de sa force.

Enfin, le dirai-je, je ne peux pas me défendre d'une certaine défiance, en voyant ce programme autoritaire approuvé, proné, préconisé et destiné à être appliqué par ces anciens parlementaires de 1830 qui ont renversé la Restauration et l'Empire au nom des droits de la nation méconnus et des libertés nécessaires.

Mais s'il est vrai qu'on veuille sincèrement restaurer le principe d'autorité, et s'il est plus vrai encore que l'intérêt national doive toujours dominer l'intérêt dynastique, pourquoi recourir à un système qui n'est que la transformation non éprouvée d'un régime qui n'a pas réussi, au lieu de revenir purement et simplement aux Institutions impériales qui ont déjà fait leur preuve et qui n'ont pas besoin de se transformer, pour répondre à tous les besoins légitimes ?

Là, on le sait, l'autorité est en tout et partout prépondérante ; la réalité chasse la fiction, et la vérité prend la place du mensonge.

Là, le chef de l'Etat règne, gouverne, et répond de tout, comme son titre le dit, comme sa dignité le lui commande.

Là, le pouvoir est dans les mains d'un homme et non dans celles d'une Assemblée ; les ministres ne vont pas dans les Chambres et ils n'en dépendent pas ; ils ne sont, comme leur nom l'indique, que des administrateurs spéciaux délégués par le Souverain dans le département qui convient le mieux à leurs aptitudes, et chargés par lui de pourvoir aux besoins de tous les services.

Là, enfin, l'ensemble des intérêts publics est confié à trois Assemblées ayant des origines et des attributions différentes ; l'une formée par le Souverain et composée d'hommes éclairés qui préparent les lois avec une compétence acquise par des études spéciales et par une longue pratique ; l'autre nommée par le peuple, chargée de voter l'impôt, et de faire les lois en acceptant, rejetant ou modifiant les projets que le Conseil d'Etat lui présente ; la troisième enfin, nommée aussi par le Souverain, composée de toutes les illustrations du pays, et chargée de veiller de haut à l'observation de toutes les règles.

Et tout cela, quoi qu'on en dise, ce n'est ni le pouvoir personnel, ni la tyrannie, ni le césarisme. Le pouvoir personnel est celui qui n'appartient qu'à un seul et qui n'est soumis à aucun contrôle, et la bonne foi n'appellera jamais un pouvoir sans contrôle, celui qui est exercé par un homme ayant à ses côtés une Assemblée nommée par le peuple, dont la principale attribution est le vote de l'impôt sans lequel aucun gouvernement ne peut vivre. Le pouvoir tel qu'il a été exercé sous l'Empire a bien été, si l'on veut, un *pouvoir élevé au-dessus des Assemblées et des partis*, mais c'est précisément celui que le comte de Paris demande dans des termes absolument identiques.

Et tout cela, quoi qu'on en dise encore, ce n'est ni un obstacle à l'émulation, ni une barrière au talent, ni une entrave à la liberté raisonnable.

Sont-ils donc tant à dédaigner les jurisconsultes, les orateurs, les hommes d'Etat qui ont illustré le premier ou le second Empire ?

Sont-elles tant à regretter les séances tumultueuses des Assemblées dans lesquelles le plus souvent la lumière se fait peu, et dont quelquefois la dignité nationale souffre ?

Sont-elles donc si utiles ces réunions publiques qui dégénèrent parfois en scènes de pugilat et dans lesquelles la parole des orateurs ne parvient presque jamais à se faire entendre ?

Est-elle donc si nécessaire cette liberté illimitée de la presse dont la délation et le scandale profitent plus que les discussions sérieuses?

Faut-il donc, pour que la France soit heureuse, que tout avocat sans cause puisse rêver la simarre de d'Aguesseau et que les lauriers de Colbert empêchent de dormir le plus petit banquier de village?

Malgré les barrières opposées aux dérèglements de la parole et de la pensée, qu'on me dise, si l'on peut, quelle a été sous l'Empire l'idée féconde qui n'a pas pu se faire jour, quel a été l'intérêt légitime qui n'a pas pu se défendre ?

Comment croire d'ailleurs que le régime autoritaire soit si antipathique à la France quand on la voit s'enthousiasmer pour le premier soldat venu dont le plumet brille à l'horizon, et qu'elle croit capable de parler et d'agir en maître ! Non, un peuple susceptible d'un pareil engouement est un peuple qui me paraît assez peu épris du régime parlementaire ; un peuple qui comprend que l'égalité qu'il a conquise, et que rien ne peut lui faire perdre, vaut encore mieux qu'une liberté trop étendue dont il n'a vu faire qu'un mauvais usage ; un peuple enfin qui reconnaît loyalement et de guerre lasse que le droit de nommer son chef et ses députés suffit à l'exercice de sa Souveraineté, et qu'à l'exemple des Rois parlementaires, s'il est juste qu'il règne, il n'est pas nécessaire qu'il gouverne.

VI

A côté de la différence qui existe entre les principes et les Institutions des deux prétendants, montrons celle qui existerait dans la signification de leur règne.

La dynastie royale est un arbre ancien sur lequel la Révolution a greffé des rejetons nouveaux.

La dynastie impériale est un arbre nouveau né sur le sol même de la Révolution, qui y tient par ses racines et qui la protège de son ombre.

Il résulte de là qu'alors que la sève antique nourrit encore l'un, c'est une sève nouvelle qui alimente l'autre.

De là aussi découlent nécessairement des conséquences opposées qu'il est impossible de méconnaître.

Sans doute, la Royauté, telle que son représentant la désire et qu'il nous l'annonce, s'appliquerait à n'être qu'une Royauté bénigne et libérale, reniant tous les abus du passé, cherchant à confondre les classes et voulant sincèrement, comme on l'a dit sous un autre règne, *ramener au courant du grand fleuve populaire toutes les dérivations hostiles qui vont se perdre sans profit pour personne*..

Mais un Souverain, quel qu'il soit, ne vit pas seul; il faut qu'il soit aidé dans ses labeurs et qu'il ait autour de lui un certain nombre d'hommes dévoués, qui commencent par être ses conseils, qui s'introduisent ensuite peu à peu dans toutes les fonctions et qui forment à eux tous la pensée du règne.

Or, je ne crains pas de le prédire, car la force même des choses y conduirait, ceux-là seraient surtout ceux qu'une haute naissance, une vieille illustration ou une grande fortune recommandent.

Certes, je les crois tous honnêtes, capables, intelligents, et dignes sous tous les rapports des hautes missions qui leur seraient confiées ; j'ajoute volontiers que les honneurs et les profits qu'ils pourraient en retirer ne seraient qu'une juste récompense due à une longue et honorable fidélité ; mais je me demande si, de nos jours, le pays ne serait pas un peu étonné de se retrouver sous la direction de tous ces survivants des anciens régimes, et si, foulant aux pieds des préjugés injustes mais qui n'en existent pas moins, la France moderne s'accommoderait aisément d'un Almanach royal qui ne différerait pas beaucoup de celui que le comte de Chambord aurait pu faire.

Aucun danger de ce genre n'existerait pour la Monarchie impériale. Les hommes qui l'ont servie et qui lui sont restés dévoués se doivent tout à eux-mêmes, ou s'ils doivent quelque chose à leurs aïeux, ce reflet d'une gloire récente et incontestée n'a rien qui offusque les yeux du peuple. L'esprit qui les anime est l'esprit du jour, et il n'y a rien dans leurs sentiments ni dans leurs allures qui puisse réveiller aucune susceptibilité ni froisser aucun amour-propre. « Mes amis ne sont pas dans les châteaux mais dans les chaumières » a pu dire Napoléon III, dans une de ces phrases qui restent comme des aphorismes à travers les âges. Ces paroles, vraies pour lui, le seraient encore pour son successeur et c'est là, faut-il bien le dire, la plus belle des chances qui lui restent, car aujourd'hui, à tort ou à raison, c'est le nombre qui fait la loi et les humbles et les déshérités sont encore le nombre.

D'autre part, c'est par la mort du comte de Chambord que le comte de Paris s'est trouvé être le successeur légitime de cette longue suite de Rois, qui ont régné sur la France. Mais avant que sa naissance l'eût fait l'héritier d'Henri V, elle l'avait fait le petit-fils du Roi Louis-Philippe. Il représente donc à la fois la loi de l'hérédité et la violation que son aïeul en avait faite. N'y aura-t-il rien de choquant dans ce bizarre assemblage que l'ironie du sort est venue produire? La paix signée, pour les besoins du moment, entre les partisans de deux régimes que tant de polémiques et tant d'outrages ont séparés, est-elle une paix sincère? Peut-elle être une paix durable? Les blancs sont toujours les blancs, les bleus sont toujours les bleus, comme le disait Napoléon 1er admirablement placé pour les bien connaître; et alors, que d'embarras pour un Souverain obligé de concilier tant de choses à peu près inconciliables! Les apaisements que le temps et que les intérêts amènent pourront bien l'aider un peu dans cette tâche; mais tous ces rapprochements de circonstance ne sont pas l'esprit public et ce n'est que sur l'esprit public que peut se fonder un gouvernement durable.

En face du Roi au contraire, un jeune homme qu'aucun précédent ne compromet, qu'aucun écart politique n'embarrasse et qui tient par son origine à deux des familles les plus illustres et les plus populaires qui soient au monde.

Le seul reproche qu'on essaye de lui adresser, c'est de s'être laissé entraîner par une ambition trop précoce et, en devenant le rival de son père, d'avoir méconnu les devoirs les plus sacrés de la piété filiale.

Pour parler ainsi, il faut ignorer les causes de cette rivalité plus apparente que réelle, ou vouloir de parti-pris en dénaturer le caractère. Plût au ciel, qu'avec sa maturité, son érudition, et sa grande intelligence, le Prince Jérôme n'eût pas contraint son fils à s'éloigner de la politique et de la maison paternelle! Quel malheur qu'après les deux dates fatidiques du 18 Brumaire et du 2 décembre, ce Prince n'ait pas compris que la garde de la République ne pouvait plus être confiée à un Napoléon, et que, renonçant aux entraînements do sa jeunesse, il n'ait pas franchement et hautement revendiqué le titre que les plébiscites lui donnaient et qui à cause de son nom était devenu inséparable de sa personne ! Il aura beau nous dire dans sa superbe réponse aux détracteurs de son oncle, que *Napoléon 1er résumant sa vie et pressentant l'avenir, la liberté lui est apparue comme la nécessité de la société nouvelle et qu'il a prévu la République devenant la forme gouvernementale de la démocratie.* Cette assertion ne s'accorde guère ni avec les paroles ni avec les actes de l'Empereur, et moins encore avec le soin qu'il avait mis à assurer la transmission de la couronne dans sa famille. Il croyait apparemment à la puissance de l'hérédité celui qui regrettait de ne pas être son petit-fils, et qui, dans le seul but de se donner un héritier direct, répudiait Joséphine pour épouser Marie-Louise. L'hérédité, comme l'entendent les Napoléons et qu'on cherche à représenter comme le bouclier de la tyrannie, n'est nullement incompatible avec le principe de la souveraineté nationale ; elle n'exclut ni le progrès, ni l'amour du bien, ni le dévouement aux intérêts populaires ; elle ne fait qu'affermir le pouvoir dans les mains de celui qui l'exerce et lui permet ainsi d'autant mieux de donner un libre cours à ses intentions généreuses.

Mais en fût-il autrement, et l'héridité eût-elle les torts qu'elle n'a pas, rien ne montre que le moment fût propice pour inaugurer une ère nouvelle, et pour peu que le prince Jérôme moins novateur et plus pratique eût voulu s'inspirer des traditions plutôt que des prévisions de sa race, avec quelle joie et quel empressement son fils docile et avisé, ne se fût-il pas contenté de le suivre en lui laissant prudemment le soin d'atteindre le but le premier et de lui aplanir les aspérités de la route.

Les destins ne l'ont pas voulu. Celui qui devait aider à la restauration de la cause Impériale en a renié la doctrine. La foi des conservateurs, déjà inquiétée par des précédents équivoques et que je veux croire mal compris, s'est affaiblie peu à peu et a fini par s'éteindre ; les vieux serviteurs de l'Empire se sont retirés de lui, toujours avec respect, quelquefois même avec douleur ; et c'est alors que surmontant une répugnance naturelle, et bravant des amertumes et des difficultés sans nombre, mais croyant remplir une mission que le testament d'un martyr lui avait confiée, le prince Victor s'est décidé à prendre dans ses mains le drapeau que son père avait abandonné, pour le tenir levé, même dans l'exil, aux yeux de tous ceux qui seraient disposés à le suivre.

Ce drapeau qui n'est que le drapeau de l'Empire et non celui de la révolte, viendra-t-il jamais flotter à Paris sur le palais des Tuileries reconstruites ? Je l'ignore ; tout ce que je sais, c'est que celui

qui le porte est protégé par le souvenir de deux règnes dont l'un
a donné la gloire et l'autre la prospérité à la France ; que la légende
du petit chapeau et de la redingote grise n'est pas encore oubliée, et
qu'une force incomparable réside toujours dans le nom de cet homme
extraordinaire que les sauvages prennent pour un Dieu ; dont tous
les peuples reconnaissent le génie ; que les suffrages du peuple français ont consacré tant de fois pendant sa vie ; qui a ressuscité son
enthousiasme après sa mort, et qui des hauteurs où il est placé peut,
même au profit de ses neveux, braver impunément les rivalités les
plus redoutables.

<h2 style="text-align:center">VII</h2>

En tout cas, et quoi qu'on pense du mérite de toutes ces appré-
ciations que la bonne foi seule a inspirées, mais dont des souvenirs
reconnaissants pourraient, même malgré moi, avoir altéré la jus-
tesse, qu'il soit au moins bien entendu que je n'en fais pas des
axiomes et que je ne prétends les imposer à personne. Je comprends
également toutes les fidélités chevaleresques et toutes les illusions
généreuses ; j'accorde la même estime à ceux qui, malgré les
leçons de l'expérience, ne désespèrent pas d'établir en France une
République honnête et modérée, et à ceux qui, malgré tous les
obstacles, croient pouvoir encore relever la Maison royale de ses
ruines. Mais au point où nous en sommes, et où des événements
irrésistibles nous ont conduits, là où le droit royal absolu est abandonné par ceux-là mêmes qui auraient pu l'invoquer, je maintiens,
au moins comme une vérité incontestable, que la volonté nationale
est le seul juge souverain de toutes nos dissidences, et que si depuis
le cataclysme de 1870 ce jugement n'a pas encore été prononcé,
c'est au pays seul et au pays tout entier qu'il appartien de t le
rendre.

Or, il n'est pas prouvé, il n'est pas vrai que, depuis 1870, la
France ait jamais manifesté nettement l'intention de vouloir vivre
en République.

Le vote de l'Assemblée en 1875 n'est pas une preuve, car d'après,
le droit public français pratiqué depuis le commencement du siècle
un gouvernement de droit ne peut pas naître du vote d'une Assemblée, il ne peut naître que de la volonté de la Nation elle-même.

Fallût-il admettre qu'une Assemblée pût faire ce choix, quand
elle en a reçu le mandat, la preuve ne serait pas faite davantage,
parce qu'aucun mandat de ce genre n'a jamais été donné à l'Assemblée qui a fait la République. Il suffit pour s'en convaincre de se
souvenir de ses origines et de ses propres aveux, alors que prudente
et réservée, elle affirmait sans cesse qu'elle n'avait d'autre mission

que celle de faire la paix, de libérer le territoire et de laisser ensuite au pays le temps de se reconnaître et d'indiquer lui-même le choix que ses réflexions lui auraient inspiré.

Et lorsque, plus tard, l'Assemblée parut vouloir s'arroger le droit de faire elle-même ce choix, avec quel ensemble et quelle ardeur les républicains les plus autorisés ne vinrent-ils pas le lui contester !

J'entends encore Pascal Duprat lui disant : « Vous n'avez pas le droit de donner une Constitution à la France ; vous n'êtes pas, quoi qu'on en dise, des Souverains. »

J'entends Langlois allant encore plus loin et prononçant ces paroles :

« Ne croyez pas qu'en vous retirant, pour ma part, le pouvoir constituant je sois prêt à l'accorder à une Assemblée qui viendra après vous. Je nie d'une manière absolue le pouvoir constituant des Assemblées ; je suis républicain et j'affirme la Souveraineté permanente du peuple. »

J'entends surtout Gambetta, le Mirabeau du moment, s'écrier avec cette éloquence de tribun qui lui était familière :

« La France a hautement manifesté par le choix de ses élus qu'elle entendait retenir le pouvoir constituant et vous le lui déniez.

« Nous ne voulons, ni de près, ni de loin, nous tailler une besogne constitutionnelle et nous associer à ce que nous considérons comme une usurpation des droits de la France.

« Et savez-vous pourquoi ? C'est parce que je ne voudrais pas à ce prix d'une République créée par une Assemblée incompétente. »

Est-ce clair ?

Il en a voulu plus tard, je le sais ; il en a voulu quand elle a été faite et quand il a compris qu'il pouvait en être le maître. Mais son opinion n'en reste pas moins et ses disciples qui lui survivent seraient mal venus à en contester la valeur. Ils devraient même convenir, s'ils pouvaient être sincères, que le vote de l'Assemblée, en 1875, n'a eu d'autre cause que la lassitude et l'impuissance des deux partis monarchiques qui se disputaient la couronne ; et qu'il n'a été, pour chacun de ces partis, que la négation du régime rival mais non l'affirmation de la République. Demandez-le plutôt à ceux des princes d'Orléans qui se sont associés à ce vote, ou mieux encore, ne le leur demandez pas, car cette question pourrait ressembler à une ironie après l'expiation trop cruelle qui vient de leur être infligée.

Donc, le vote de l'Assemblée n'a ni la portée, ni la signification qu'on lui donne.

Les élections législatives, qui se sont succédé depuis lors, n'ont pas une portée plus grande.

En effet, depuis 1875, il ne s'est pas fait une seule élection dans laquelle la forme du gouvernement ait été mise en question et dans laquelle un seul candidat ait sollicité le mandat de la combattre ou de la défendre. Il est vrai qu'il y avait alors de bonnes raisons pour n'en rien faire. La plaie de nos désastres saignait encore ; le fait accompli dont le poids est toujours si lourd, pesait plus lourdement que jamais sur une nation malheureuse, et, d'ailleurs, la forme républicaine dominée alors par le droit de revision, n'apparaissait à tous que comme cette halte nécessaire qui lui avait été promise pour lui laisser le temps de mûrir ses résolutions.

Mais, loin d'avoir été maintenu, ce caractère provisoire assigné à la Constitution lui a été retiré, et, en 1883, sur un plus ample informé, et alors apparemment qu'après une épreuve plus complète la République a redouté de se voir remettre en question, elle a formellement interdit de le faire.

C'est le texte précis de l'article 2 de l'acte additionnel voté par le Congrès en 1883 et qui dispose que si la Constitution dans son ensemble continue a pouvoir être revisée, *la forme du gouvernement ne peut faire l'objet d'une proposition de revision et que les membres des familles ayant régné sur la France, sont inéligibles à la Présidence de la République.*

Qu'importe après cela qu'une majorité parlementaire formée des éléments les plus divers se soit résignée à la République !

Qui pourrait distinguer dans cette foule nombreuse et quelquefois obscure, les républicains de conviction et les républicains d'aventure ?

Qui pourrait dire le nombre de ceux qui, indépendamment de toute opinion, ne doivent leur nomination qu'à leur nom, leur situation, leur influence personnelle ?

Qui pourrait avoir oublié qu'aux dernières élections et dans les circonstances qu'on connaît, trois millions cinq cent mille voix ont protesté contre la République ?

Et enfin, et surtout, qui pourrait méconnaître la différence capitale qui existe entre le choix d'un mandataire aux Assemblées et le choix d'une forme de gouvernement ? En 1869 le département du Jura, nommait Jules Grévy député, contre le candidat officiel que l'Empire lui opposait et quelques mois plus tard, au plébiciste de 1870, ce même département affirmait l'Empire par 52,863 voix favorables contre 18,312 voix contraires. *Ab uno disce ommes.*

Donc il n'est pas prouvé que la France ait jamais voulu la République.

Et alors, ne serait-il pas sage, ne serait-il pas raisonnable, ne serait-il pas opportun de terminer ce grand débat qui tient le pays en suspens, en le mettant en situation et en demeure de s'expliquer ?

VIII

Qui donc pourrait s'y opposer ?

Seraient-ce les Impérialistes ? La supposition ne peut pas même s'en faire, car ils sont l'incarnation vivante du plébiscite.

Seraient-ce les Royalistes ? Mais enfin la Monarchie ne peut pas descendre du Ciel toute faite et puisque le Roi ne veut pas, à l'exemple d'Henri IV, conquérir son trône à la pointe de l'épée, il faut bien qu'un signe précis de la volonté nationale appelle cette nouvelle restauration ; mais les droites de la Chambre ont adhéré unanimement à la doctrine de la consultation directe, ce qui, dans les circonstances actuelles, et dans la bouche d'hommes loyaux, mais divisés d'opinions, ne peut raisonnablement s'entendre que d'un accord fait entre eux et par lequel ils conviennent de laisser à la Nation le soin de statuer sur leur différend, en indiquant elle-même et directement ses préférences.

Seraient-ce les Républicains ? Mais c'est l'application loyale de leur principe ; mais leur refus serait la preuve manifeste de leur méfiance ; mais la crainte de la pression et des artifices du pouvoir ne pourrait pas même servir de prétexte à leur refus car ce serait la République (chose grave) qui tiendrait les urnes dans ses mains, et les autres n'en auraient que la surveillance.

Objecterait-on par hasard que la Constitution y fait un obstacle absolu depuis qu'en 1883 elle a prohibé toute proposition tendant à la revision de la forme républicaine ?

Il est un moyen bien simple de tourner cette difficulté. C'est de reviser l'art. 2, de la même Constitution dont la revision n'est nullement interdite et de restituer au peuple le droit que lui donnait la Constitution de 1848, de nommer lui-même directement et sans aucune exclusion le Président de la République.

Ce serait là, d'abord, un moyen légal, un moyen pratique qui n'exige pas une révolution préalable pour être appliqué, qui dépend des pouvoirs publics tels que la Constitution les a établis et qui n'implique nullement la nécessité de convoquer une Assemblée Constituante. J'avoue même que j'ai de la peine à comprendre comment certains demandeurs en revision, concilient cette demande avec l'idée de la convocation d'une Constituante, car si on demande une revision au Congrès, c'est apparemment pour qu'il la fasse lui-même et non pour qu'il passe ses pouvoirs à d'autres. Vouloir autre chose de lui ce n'est plus lui demander la revision, c'est lui demander son abdication et c'est là, si je ne m'abuse, vivre d'illusions et s'égarer dans le pays des chimères.

Ce serait là, de plus, un retour heureux à la règle élémentaire de la séparation des pouvoirs qui établit entre eux un équilibre salutaire, et qui est ouvertement violée si le Président de la République est nommé par une Assemblée. Dans ce cas, en effet, le pouvoir exécutif cesse d'être un pouvoir puisqu'il n'est plus exercé que par un délégué du pouvoir législatif, et qu'il perd nécessairement son indépendance s'il n'a pas une origine distincte et qui lui soit propre. Qui donc pourrait le méconnaître aujourd'hui, alors que dans des circonstances récentes et à jamais douloureuses, on a vu le chef de l'Etat obligé de se retirer malgré le désir qu'il avait de rester, malgré le droit que la Constitution lui en donnait, et sans même qu'il pût, de sa seule autorité, en appeler à la Nation tout entière ?

Ce serait enfin un moyen infaillible de connaître le vrai sentiment du pays, et d'affranchir le plébiscite du reproche qu'on lui fait de n'être pas un moyen honnête de consultation, parce qu'en forçant le peuple à répondre par *oui* ou par *non* à la question qui lui est posée, on ne lui laisse pas le moyen d'exprimer une opinion qui ne serait ni la négation, ni l'acceptation du régime qu'on lui propose.

Il est évident, en effet, que dans la lutte solennelle qui s'engagerait sur le choix du Président de la République, chacun des partis qui se disputent le pouvoir se ferait représenter par un candidat de son choix ; et c'est ainsi qu'un nom pourrait être une solution, par cela seul qu'il représenterait à lui seul tout un système.

Aussi, ne cherchons pas à nous le dissimuler, si c'est un Prince ou un ami de la famille d'Orléans qui triomphe, attendons-nous à voir, bientôt après, sortir des brumes du Nord, le comte de Paris tenant d'une main le drapeau tricolore fleurdelisé et s'apprêtant à saisir de l'autre la couronne de ses ancêtres.

Si c'est un Prince ou un ami de la famille Bonaparte qui a le dessus, fût-ce le Prince Jérome lui-même, tenons pour certain que l'Aigle Impériale ne tardera pas, même malgré lui, à sortir pour la troisième fois, de l'œuf de la Présidence.

Enfin, si c'est un républicain qui l'emporte, résignons-nous à prendre le deuil de la Monarchie et cherchons à nous consoler de notre échec en songeant que la République pourra peut-être changer de nature, le jour où elle sera véritablement née de la volonté nationale et où les conservateurs de toutes les nuances, valablement déliés de leurs serments, pourront également la servir sans scrupule et sans félonie.

Au fond des choses, j'en conviens, ce mode de consultation se confond assez avec cet autre mode plus simple et plus franc par lequel la nation serait appelée à choisir entre *la Royauté*, *l'Empire* et *la République*. Mais il n'en est pas moins préférable à mes yeux, d'abord parce qu'il est plus facile à obtenir puisqu'il découle naturellement des Institutions actuelles ; ensuite parce qu'il ne se heurte pas contre la prohibition de l'article 2 de la Constitution qui place la forme du gouvernement au-dessus de toute demande en revision et qu'il vaut toujours mieux, quand on le peut, ne pas sortir de la légalité même pour rentrer dans le droit.

IX

Voilà déjà, ce me semble, bien des raisons de préférence pour le mode d'élection que la Constitution de 1848 avait adopté, et que celle de 1875 repousse.

Mais de plus, pourquoi enlever à la Nation tout entière pour le transporter à une Assemblée le droit de nommer elle-même son chef ?

Dira-t-on que le peuple n'est pas lui-même capable d'exercer ce droit ? Mais il est jugé apte à choisir ses représentants et il ne serait pas jugé apte à nommer le chef de l'Etat, alors cependant qu'un candidat à la Présidence aurait toujours plus de relief qu'un simple candidat à une Assemblée et qu'il s'offrira à la discussion avec une signification plus marquée et plus facile à comprendre ! Qu'on retire au suffrage universel le droit de nommer les députés ou qu'on lui accorde celui de nommer le président de la République; il me paraît difficile d'échapper à ce dilemme.

Dira-t-on que la nomination du chef de l'Etat par le peuple établirait un pouvoir trop fort en face de celui de l'Assemblée et qu'il faut éviter de la placer dans un état d'infériorité parce qu'elle est la première et la plus haute expression de la volonté nationale ? Mais quand le suffrage universel nomme à la fois l'Assemblée et le Président de la République, l'autorité qu'ils puisent dans leur origine est égale, et si celle qui tient à leurs attributions est différente, c'est qu'elle doit l'être nécessairement, puisque la responsabilité attachée à l'un des pouvoirs n'est pas attachée à l'autre.

Enfin dira-t-on que la multitude est plus susceptible de se laisser corrompre qu'une Assemblée, et qu'elle peut plus aisément céder à un entraînement regrettable? Mais le bon sens répond qu'un entraînement partagé par une Nation tout entière, ne peut rien laisser à regretter et qu'une masse de dix millions d'hommes est nécessairement plus intègre qu'une Assemblée composée de sept à huit cents membres dont tous ne sont pas au-dessus du besoin et dont aucun peut-être n'est exempt d'une ambition personnelle. On empoisonne un ruisseau, mais on n'empoisonne pas une mer, ainsi que l'a dit Lamartine.

Et cependant on n'a pas craint d'écrire dans un programme républicain que le plébiscite n'est autre chose que l'abdication d'un peuple libre. Que ceux qui parlent ainsi commencent par se mettre d'accord avec leur chef le plus illustre, qui n'a pas craint de dire que *le plébiscite est une sanction désormais nécessaire dans les sociétés qui reposent sur le droit démocratique pour donner au pouvoir la sanction que les anciennes monarchies trouvaient dans le droit divin.* Qu'ils veuillent bien consulter l'histoire et ils y verront que le plébiscite a été connu et pratiqué chez tous les peuples. Qu'ils descendent en eux-mêmes, et ils seront obligés de reconnaître que seul le plébiscite eût été capable de préserver l'humanité de la plupart des crimes politiques que les Assemblées ont pu commettre. La Convention était de cet avis, lorsqu'elle refusait de soumettre à la ratification du peuple l'arrêt sanglant qu'elle avait prononcé contre Louis XVI.

Non, non, le plébiscite qu'on calomnie par crainte de ses arrêts, n'est ni un leurre, ni une voie tortueuse, ni une abdication du peuple. C'est au contraire l'exercice légitime de son droit; c'est tantôt l'explosion spontanée de ses dégoûts, tantôt celle de ses préférences; c'est toujours la voix sonore du sens commun, du gros bon sens, de celui qui court les rues, que l'air des campagnes vivifie, et qui ne peut être méconnu ou méprisé que par ceux dont il déjoue les calculs et dont il froisse les intérêts.

Je n'en sais rien, mais je l'affirme, la véritable, la seule raison qui ait fait préférer la nomination du Président par une Assemblée et qui ait fait déclarer les Princes inéligibles, c'est le souvenir de la lutte engagée en 1848 entre le général Cavaignac et le Prince Louis Napoléon et la crainte de voir une seconde fois la volonté du peuple différer de celle de l'Assemblée.

Etrange manière, on en conviendra, de pratiquer le principe de la Souveraineté nationale, que d'imposer au pays une République de droit divin puisqu'il ne peut pas y toucher et de lui prohiber de choisir son chef parmi les Princes du sang, de peur que sa souveraineté comprimée ne se fasse jour par cette fissure!

Etrange moyen de montrer sa foi dans les sentiments républicains d'une Nation que de lui refuser le droit de nommer le Président de la République!

Trève donc une fois pour toutes à toutes ces ruses, à tous ces biais, à toutes ces compromissions auxquels on a recours depuis dix-huit ans, qui peuvent être un expédient utile en vue d'un péril accidentel et imminent, mais qui ne feront pas cesser le malaise dont la France souffre si cruellement et qui ne sont pas et qui ne peuvent pas être une solution définitive.

Restituer au peuple le droit de nommer son chef sans limiter d'avance son choix, voilà ce que la bonne foi et le salut du pays demandent. Voilà, pour le moment, le point capital, j'allais dire le point unique de la revision à faire, car tout le reste en dépend et n'est guère qu'une queue dont on ne pourra s'occuper que lorsqu'on connaîtra la tête.

Nos maîtres du moment consentiront-ils à soumettre la République à cette épreuve ? Il est permis d'en douter, tant la possession du pouvoir et la crainte de le perdre s'accordent peu avec les inspirations du patriotisme !

Mais si les puissants du jour s'y refusent, il y a encore moyen de l'obtenir soit en leur arrachant d'abord la dissolution, si c'est possible, soit en repoussant toute revision anticipée qui ne s'inspirerait pas de l'état actuel de l'esprit public et en ne nommant, en toute occasion, que des représentants résolus à le demander sans cesse.

Et ce serait là, disons-le en terminant, le vrai terrain de l'union conservatrice, celui sur lequel toutes les opinions loyales pourraient se rencontrer sans qu'aucune arrière-pensée vînt empêcher la formation de cette alliance, ni en altérer la sincérité.

Que pourrait-on, en effet, espérer de mieux d'une coalition qui se proposerait seulement de monter à l'assaut de nos institutions actuelles, et qui, parviendrait-elle à envoyer une majorité antirépublicaine à la Chambre, ne serait guère plus avancée, puisque cette majorité qui s'entendrait admirablement pour renverser, se diviserait fatalement le jour où il faudrait reconstruire ?

Le pays qui le sent, qui le voit, et qui est éminemment conservateur, ne s'associera jamais pleinement à une politique qui ne lui montrerait que des dissensions nouvelles en perspective. Une armée ne se bat pas volontiers tant qu'elle ne voit pas un prix certain attaché à la victoire. Pour que la France se décide à entrer sérieusement en lutte même contre un état de choses dont elle souffre, il faut qu'elle entrevoie un moyen pratique de l'améliorer ou de lui en substituer un autre. Or, ce moyen pratique, elle le verrait dans cette union plébiscitaire, montrant à son origine même un but précis et déterminé, procédant par les voies licites, ayant la puissance de tout sauver, et ne pouvant, en aucun cas, rien compromettre, puisqu'en rendant au pays le droit de nommer son Chef, elle n'aboutirait jamais qu'à donner une base plus régulière et plus solide au gouvernement quel qu'il fût qui sortirait de cette épreuve.

Que si ce vœu d'un honnête homme n'était qu'un rêve et ne pouvait pas s'accomplir, en mon âme et conscience, je déclare, que s'il existe quelqu'un quelque part qui connaisse un meilleur moyen de rendre la parole à la France, celui-là, s'il le fait, aura bien mérité de la Patrie.

Il aura bien mérité de la Patrie parce que, le jour où la voix de la Nation entière aura dominé le bruit des passions diverses qui s'agitent dans son sein, il ne sera plus ni homme ni parti assez puissant pour résister à cette manifestation de sa volonté ; la Révolution de 89 si souvent dévoyée sera rendue à son cours naturel et trouvera enfin son assiette ; Dieu qui n'était pas nié par ceux qui l'ont faite. ne le sera pas davantage par ceux à qui écherra désormais la mission de la conduire ; son centenaire pourra être célébré à la face des nations sans porter ombrage à personne ; la France se sentira mieux garantie contre toutes les éventualités qui la menacent, et le vaisseau qui porte sa fortune pourra reprendre la mer, sans avoir plus rien à redouter du souffle démocratique qui se glissera de plus en plus dans ses voiles.

PREMIER PRÉSIDENT RIGAUD

en retraite.

La Mignarde, près Aix-en-Provence,

Le 20 Juin 1888.

PARIS. — IMP. CHARLES SCHLAEBER, 257 RUE ST-HONORÉ

9 782014 060386